Steingesänge

Claudia Wengenroth

1. Auflage (2014)

Autor: Wengenroth, Claudia

Umschlaggestaltung, Illustration: tao.de

Umschlagfoto: Schütte, Daniela

Lektorat, Korrektorat: Kaluza, Maria

Printed in Germany

Verlag: tao.de GmbH, Bielefeld,
www.tao.de, eMail: info@tao.de

Bibliografische Information der Deutschen Nationalbibliothek: Die Deutsche Nationalbibliothek verzeichnet diese Publikation in der Deutschen Nationalbibliografie; detaillierte bibliografische Daten sind im Internet über http://dnb.d-nb.de abrufbar.

ISBN: 978-3-95802-032-0

Meinen Lehrern und Familien
in allen Welten

Gedichte

Der erste Flug

unbeholfen noch
die fremdeigenen Flügel entknittern
manches niederreißend im
ersten Schwung und
doch berauscht von der Kraft
Sie tragen, sie tragen!

die Eine in Scherben
die Andre vor dem Spiegel
und ich

weit weit in mir
suche die Tänzer

Wenn die Luft so still steht, daß
der Sommer alle Zeit hätte,
und die Hitze, und die dicken
Leute, und der wartende Fahrschulmann,
und die Vögel,
und das Grün, und die angefassten
Hände der dicken Leute,
und der Wind nichts zu schaffen hätte
mit der stillen Luft, durch die er fährt ...
ach,
dann immer weiterlaufen
und nicht bewegen

Viertelmond

ich ahne mir einen
der mir den Windhauch schickte
der gerade
mein Gesicht fremdwarm berührt
die Bilder des letzten Sommers
sind alt
in die meine Trauer mich geführt
ich ahne mir einen
und so wird mein weinen
weniger kalt

Stille

Dahin gehen
wo die großen Vögel
ziehn
wo die Musik ist
und nur ich mich kenne

ich gehe an
einen Ort
wo die Farben
der wandernden Nacht
ganz mir gehören
nehme mir ein Gedicht
schenke es
dem blühenden Morgen
und
fühle mich sehr
schön

wenn ihr
dem Außen
ein Innen
geben würdet
und
der Fluß
nur ein einziges Mal
zur Quelle flösse

ich wäre
versöhnt

laß uns gehen
und das Nichts
einen Tag lang
ewig nennen
laß uns wiederkommen
und uns nur uns
zu erkennen
geben
laß uns doch endlich
wieder
ein Geheimnis haben

Wenn es ein Gedicht ist
auf den Klang deiner Stimme zu warten
und
ein Märchen
zu ahnen

und wenn es ein Gedicht ist
das zu treffen
was da in dir
zu klingen beginnt
und das
was in mir
sich unversehens
in Tränen auflösen will

wenn es das ist

dann
habe ich ein Geschenk
für dich

ich träume
ich wäre
ein davonflatternder
Schmetterling
ich schrecke auf
sattle mein Pferd
im Erwachen
und reite mir nach
um
meiner Flucht
zuvor zu kommen
und
nur mir
den Rückweg schuldig zu sein

deine Augen
durchschwommen
deine Worte
erkannt
und
doch dich
nicht fassen können

im Bodenlosen
nicht
anzukommen

Jage die Geister fort
die ich rief, als ich dich dachte
nehme nur mich mit
und
suche fühlfragend
deine Berührung

ein Leben verstauend
das nicht mehr meine
an seinen Platz
und
weiter weiter
ohne Gepäck

die alte Dame Meer besucht
mich an den Wellen gerieben
mir ins Ohr schmatzen lassen
Wasser- und Himmelsfarben
unsere Launen getauscht
zur Ruhe
treiben lassen

Anruf aus D.

als wäre
auf deiner Stimme
ein wenig
Zuhause vorbeigeflogen
und hätte
mir hier
seine
Leichtigkeit
verloren

Antiquariat

als hätte ich
die Zeit mitgekauft
die jemand
in dem Buch zerlesen hat

wer fängt schon
Schmetterlinge
mit
Frühjahrsgewittern?

so eine Nacht
da mir alle Musik
nach zu Hause klingt
und ich das Glas
ein Leben lang leertrinken
will
in der ich schreiben
und fliegen können will
und
dann doch
abwasche

Morgen danach

nur einfach warten
ob der tropfende
Kaffee
den schwebenden
Gedanken
trifft

leichteres Bleiben
wenn
ich mich
nur erst
in meinen Worten
gänzlich verloren habe

das ist es mit mir
daß ich mit
dir gern wäre
ohne
den Lärm
das Wissen
das Müssen

nur eben
mit dir

ankommen endlich
und doch
zurückwollen

dumm
nicht zu wissen
nach wohin
mein Heimweh

Buckow

Ein paar Mülltüten
zusammengekauert
warten auf morgen

A.M.

hinter die Worte greifen
bis daß
es mir
die Sprache verschlägt

nach dem Konzert
die Musik
samtig schmecken
hinter
dem Wein,
du weißt,
dem roten

durch die Bücher
stöbern
und warten
daß mich eines der Wörter
trifft

noch
zehn Minuten
bis zum
neuen Monat

zwei Kerzen
als Feuerwerk

nur
du nicht hier

zu kranken
an mir
mich wohlig nicht
zu melden

nur nicht zu wissen
bei wem

dich endlich gefunden
im Immerland
doch wieder geflohen
unerkannt

schau nach der Katze
dem Heckengebüsch
bade den Winde
ich bin um dich

Störche gesehen
beim Flug nach
ich weiß nicht
wohin

es waren drei

an diesem Morgen
wenn nichts mehr gilt im Aufbruch
den Mond behalten

Das zuviel
an Kaffee
Wein
Lärm
Stille
und mir

wird zum Gedicht

in alten Bildern
das gewohnte
über mich
kommen lassen

endliches Geheimnis

Slowakei

neben den Männern sitzen
am Abend
auf ein Bier Ewigkeit

nach dem Sommer
Freunde
die Tage zählen
die ich
davon leben muß

Wenn ich nur
wüsste
wo hier der Winter ist
und
warum
mir die Tage
so einzig werden
daß ich sie
kaum verstauen kann

im Blätteraufsammeln
bei flimmerigen Farben
sehe ich
daß meine Hände
älter geworden sind
ja, die Zeit

und
ich mache mir selber
einen Strich durch die Rechnung

Begrüßung

Nicht mehr als sonst gelogen
weiße Träume sind wahr
noch vor dem Fenster klebriges Dunkel
die große Bärin war da
ich steh
und warte auf die Schneekönigin
sie wird mir erzählen
was im Nachtland geschah
und warum ich länger als sonst
im Schatten des Morgens bin

Februar

Wenn nur Eis harrt
über allem Gewussten
wenn der Geruch aufgebraucht
von frischem Brot
du nicht mehr den Wind
warm kennst
wenn Himmelsgrau das Haus eng macht
vor deinem Schritt die Vögel fliehn
sein Dunkel gegen dein Sehen
das Sonnenblumengelb verbraucht
Dann laß die Geeisten
und flieh
dem Frühling entgegen

laß mir die Grenze
das Wort zu vergraben
stampfend die Tänze
die Sphinxe traben

die Nacht
da die Sterne gehen
einsam
Geheimnis gesehen

der Mond
in dumpfen Tuchen
es wird Zeit
daß wir uns suchen

Als wir nicht wussten
als die Tiere Geheimnis fraßen
wir dem Schlachtroß die Mähne stutzten
und die Handrücken die Träne auflasen

sich Lachen traf
hinter eichenen Türen
die Zeit war ein Weg weit
nicht schlimm, zu verlieren

der große Vogel
sich hinter uns gesetzt
als wir nicht wussten
Da wäre jetzt!

wie viele Sonnen ungesehen
vergessen
wie viele Tage verdorben
gemessen

den Schlüssel vergraben
den Rückweg verloren
gefunden die Narben
das meine geschoren

die Taue gespannt im Kreis
nein, Wolken sind weiß!
Getrieben und treiben
Schreiben

Bitte

Zeig mir den Baum
der die Märchen macht
fort von dem Lärmen
in der Nebelnacht
wo Spuren aus Wolken
sich treffen
in blaurotem Grün
wo Angstflügel dauern
und die gewöhnten verglühn
wo Leise sich bergen
in geahnten Armen
fort von dem Lärmen in der Nebelnacht
dort zeig mir den Baum
der die Märchen macht

für Chr.

du musst mir nicht glauben
daß die Sterne ziehn
wenn die Kraniche
schon vor den Pappeln fliehn
und nicht versuchen
meine Farben zu sehen
und auch nicht
das Lied
vom Weg zwischen mir und nirgends verstehen
du mußt nicht berühren
was der Märchenerzählerin
heilig ist
und nicht
das Zauberwort finden und dein Auffliegen
an mein Fallen binden

du mußt nicht
es wäre nur schön

Geister

die in ihren Bäuchen leben
aus den Händen lieben
und nicht berühren ihres Blickes Beben

die vor den Farben des Himmels verschworen
von der Sonne träumend in den Wolken blieben
und im Nebel hat sich ein Wort verloren

sie haben teuer das Licht verkauft und verbrieft
und der Zauberlehrling hat längst vergessen
daß er irgendwann einmal Geister rief

Grenze

ich will dir nicht sagen
daß ich den Zauberstab habe
um die Wörter zum Tanzen zu bringen
ich will nicht
daß du dein Ufer verlässt
deine Grenze vergräbst
und den Bären verjagst
in dessen Sicherheit du dich wähnst
daß dir in eiskalten Winden
große Augen sagen
sie können das Licht nicht finden
es geht nicht
daß wir die Angst wegreiben
nur
laß unser Suchen aneinander treiben

Wasser und Eis über das Dunkel gelegt
den klaren Blick zu schmecken
Weite fühlen
sein
zu wissen
um den Handel auf Zeit

für M.

ins Unterwegs geworfen
und die Entdeckung
des zu Haus
zu stolpern
 ins Leben wollen
süßes Fassen der Tage, die Plätze sind
Orte des Wollenden
der Weite
Himmelweiter Flug und
felsfestes Wurzeln
und ja, ich flieg
den Abschied kennen und grüßen
und doch
mit einem mal
dich Heimat zu nennen

Zieh mit den Wölfen
such die alten Wege
tanz sie zu neuen

nach den Abschieden
noch treibend im
Fahrwasser
langsamer
Grund fassend
Suchend lauschen
in dem Strom
der meiner ist

noch die Angst
im Zögern schmecken
wie Heimweh
und doch
die Neugier, die Neugier

zu treiben
in der Stille
vor der nächsten Welle
dem nächsten Zug
und selbst das Atemholen
warten lassen

die Stille in
einem Wort verstecken
und kosten und schmecken
an der Vorfreude
des Wiederfindens

Die Gesänge aus dem Stein

I

Steinzeit hieß die Zeit nicht
der Werkzeuge wegen,
sondern weil das Wissen
um die Geschichten im Stein steckte

II

Utanil, Hüterin der Wellenpferde,
hat nur einmal das Tor offen gelassen und
die verschiedenen Farbpferde liefen zugleich
los.
Sie konnte sie nicht wieder einfangen.
Seitdem muß sie
mit den Wellenpferden darum spielen,
wer jeden Tag die Farbe des Flusses sein darf.
Und deshalb lacht der Fluß.

III

Kanoa

Und der Fluß wußte noch nicht, daß er ein Fluß sein sollte, er wußte überhaupt noch nicht, daß ein drängendes, fließendes, aufbrechendes Wesen sich entscheiden müsse.
Ob Feuer, ob glühende Masse, ob fließendes Sein als Fließen oder ob ein Explodieren ins Nichts.
Das was da wuchs und irgendwohin wollte entschied sich für das Fließen, verließ die schwere Masse und die Glut und wurde etwas Schnelles, Kühleres. Und nahm sich aus dem Nichts das Licht und eine Erinnerung an das Feuer und glitzerte und sprang und wurde Wasser ...

IV

Es ist ein Warten im Nichts
in einem Nichts, daß Alles ist
in einem Nichts,
das in der großen Schale reibt
und kreist und breite Spuren macht.
Das Spuren in die Leere malt,
jede der Anfang einer Welt
und einen Ton singt;
jede Welt den ihren
und das Nichts sie auffängt
und das Echo aller
zu seinem Ton macht.
und klingt.

V

Ein Zittern der Vulkanerde,
wie ein Flimmern zwischen den
Welten
ein Weichwerden der Zeiten
ein offenes Tor.
Schick die Träume
zu sehen, was kaum zu tasten ist
um den Flug der fremden Vögel zu lernen
um die Heimat der Sehnsucht zu finden

VI

Doch doch, es gibt sie, die Flusslöwen. Nahe verwandt den behelmten Tigern.
Sie wohnen in hohen Wurzeln, gern unter Kiefern. Und sie sind zu sehen auf dem allerersten Eis, daß kleine Schollen aufwirft, in dessen Ritzen und Rillen ihre Krallen Halt finden.
Sie nähren sich von den Träumen der Flussanwohner und hauchen den Wind über dem Eis ein wenig wärmer.
Sie sind schön und also werden sie gern übersehen.

VII

ins Raunen
der erdigen Grasbarthaare
gefahren
zu den Wurzelfingern,
die den Himmel fassen.
und den Baum beim
Namen genannt

VIII

Es ist ein Singen in den Dingen
ein Tanz
eine Bewegung, die Leben ist.
Für jedes Wesen in seiner Art
und die der Seele und Weltform mögliche.
Und die freiesten
Seelen bewegen Raum und Zeit
und werden selbst Stein

IX

ein Davor und ein
Dahinter zu sehen,
eine Eigenart, wie
auch ein Davor
und ein Danach zu denken ...
Ist es möglich,
zu sehen
und herabzustürzen
wie der Habicht auf
die Beute?
In die Mitte des
schwebendtanzenden
schwarzen neunbezackten Kristalls

Inhalt

Zeitfracht Medien GmbH
Ferdinand-Jühlke-Straße 7
99095 Erfurt, Deutschland
produktsicherheit@kolibri360.de